作りやすくて、
飽きない味

僕が食べたい
和そうざい

笠原将弘

主婦の友社

はじめに

育ってきた味だから、
また食べたい、ずっと食べたい。

そうざいというと、僕が子どもだったころの武蔵小山商店街の風景が浮かんでくる。

商店街の中でおやじが焼き鳥屋をやっていたから、少年だった僕は営業時間中に店のカウンターのすみっこで食事をすることが多かった。甘い卵焼きや手羽をチューリップにして揚げたから揚げ、おやじが作ってくれたそれらの品々を、ごはんと一緒にほおばっていたっけ。煮魚が出たときは、少し酔ってイイ気分になった店のお客さんがうれしそうに魚の食べ方を教えてくれたりもした（もちろん、両親からも教わっていたのだが）。

近所の精肉店や乾物店では、お店の人が作った、少し手の込んだサラダや煮物、ぬか漬けなんかを売っていたりして、それもまた、あたたかい味がして僕は好きだったな。

そうざいって、どこか懐かしい響きがあると思う。気どらず素朴。なにより、日本人になじみ深い、飽きない味。そんなことに思いをめぐらせながら僕なりのそうざいを考えてみた。味つけは、必ずしも本にあるとおりの分量でなくてもいいと思っている。おおらかに作って、それがその人の「そうざいの味」になってくれたらうれしい。

賛否両論

目次

納豆みょうがきつね焼き …… 70
しっとり鶏ひきおから …… 71
とうふのおかか焼き …… 72
とうふとねぎの卵焼き …… 73
ちくわ、わかめ、きゅうりのごま酢あえ …… 74
コーヤチャンプルー …… 75
ひじきとさつまいものサラダ …… 76
ししゃもと切り干し大根の南蛮漬け …… 78
里いもと煮干しの含め煮 …… 80

column
漬け物ってスゴイ! 日もちするサラダだ …… 82

きゅうりのキューちゃん風 …… 83
白菜おかか漬け …… 85
なすのからし漬け …… 85
キャベツとセロリの浅漬け …… 87
トマトとみょうがの甘酢漬け …… 87
大根の砂糖漬け …… 87

Part 6
野菜そうざい …… 88

パプリカの白あえ …… 90
オクラ、わかめ、しらすあえ …… 91
れんこん明太サラダ …… 92
春菊、三つ葉、ねぎの韓国のりあえ …… 93
なすと桜えびの田舎煮 …… 94
かぼちゃの塩バター煮 …… 95
いろいろきのこの冷製サラダ …… 96
ほうれんそうとゆで卵のサラダ　イクラのせ …… 96
焼きたけのことハムのサラダ …… 97
大根とほたて缶のサラダ …… 100
にんじんのサラダ …… 101
もやしとザーサイの煮びたし …… 101
緑の野菜のだしびたし …… 104
かぶとささ身のサラダ …… 105

あとがきにかえて
僕の好きなおにぎりの話 …… 108
おかかたくあん／桜えびと揚げ玉／鯛しそ／とりそぼろ …… 109

この本の使い方

- でき上がり量で特に表記のないものは、作りやすい分量・3〜4人分です。
- 小さじ1＝5mℓ、大さじ1＝15mℓです。
- 火かげんは特に指示のない場合、中火で調理しています。
- レシピ上、野菜の「洗う」「皮をむく」などの作業は省略してあります。特に指示のない場合、それらの作業をしてから調理を始めてください。

〈本書のだしのとり方〉

材料…こぶ7cm角（約5g）、削り節…15g、水…500mℓ
なべに材料すべてを入れる。強火にかけ、煮立ったら弱火にして5分ほど煮る。ざるなどでこし、削り節は玉じゃくしの背で押してしぼる。冷蔵庫で3〜4日保存可。

作りやすくて食べ飽きない
そうざい作りの流儀

この本では、きょうもあしたも（それ以降も）楽しめるよう、多めの材料で作ります。そのための笠原流流儀を紹介します。

1 食材の味を生かして作れば、食べ飽きない

なによりも食材から出る味をたいせつにしてほしい。市販のだしを使ったり、いくつも食材を組み合わせなくても、食材そのものからいいだしが出るものを使えば、煮物も深い味わいに仕上がる。

2 なるべくひとつのなべで作る

お店では下ゆでやアク抜きの工程に複数のなべを使うけれど、家庭ではなかなかそうもいかない。この本では手間を極力省けるよう、なるべくひとつのなべでシンプルに作れるようにしています。

3

冷めても おいしいよう、味はしっかりめに

この本では、冷めてもおいしく食べられるよう、豚バラなどの冷えると固まってしまう脂身の多い食材は使っていません。また、メリハリのある味つけが冷めてもおいしい秘訣。お弁当にも活躍します。

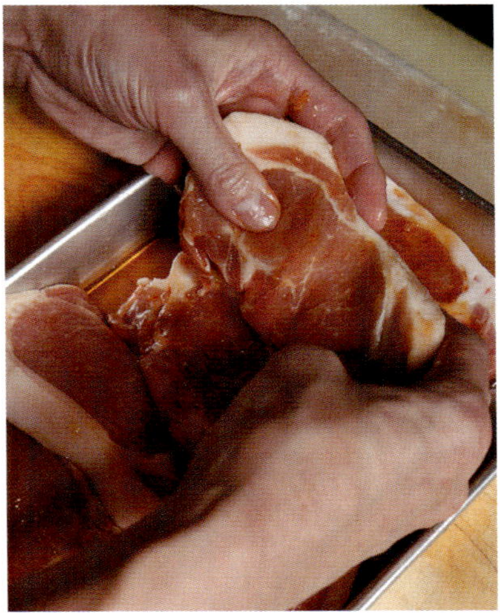

4

日もちにも 気をつかう

たくさん作れば日もちも気になる。たとえば、煮魚に梅干しを加えたり、酢で酸味をきかせた南蛮漬けにするなど、保存性の高い食材を組み合わせよう。夏場は少し酢を多めに、など微調整も積極的に。

5

食材の味をみて 分量にこだわらず 味つけする

調理する前に、食材そのものの味見をすることがたいせつ。たとえば、大根が甘ければみりんや砂糖を減らしてみよう。本どおりの分量にこだわらずに食材の味を信じて作るのが飽きない味の秘訣。

Part 1

僕を育ててくれた味 懐かし味のそうざい10

焼き鳥屋でありながらおやじは料理を多彩に作っていた。「焼いてよ」と常連さんのはずむ声とともに思い出す銀だらの西京焼き、〝名物〟と人気のあったコロッケ……日常的に食べていた僕は幸せな子どもだったな。祖父母の家で食べた、精肉店で買うマカロニサラダも懐かしい。

時は流れて、その精肉店はもう閉店したし、おやじももういないけれど、それらはまちがいなく、僕を育ててくれた味。今でもむしょうに食べたくなるんだ。

ボウルで

昔ながらの マカロニサラダ

子どものころ近所にあった精肉店で売っていたなあ、なんて
思い出しながら作った、懐かしのマカロニサラダ。
マカロニにバターをからませてコクをプラス。

材料

マカロニ…100g
ハム…5枚
きゅうり…1本
玉ねぎ…½個
バター…10g
塩…適量
あらびき黒こしょう…少々
A ｜マヨネーズ…大さじ4
　｜しょうゆ、ねりがらし
　｜　…各小さじ½

作り方

1 マカロニは塩を加えたたっぷりの湯で袋の表示どおりにゆで、湯をきってバターを全体にからませる。きゅうりは小口切りにし、塩もみして水けをしっかりしぼる。玉ねぎは薄切りにして塩もみし、水でさっと洗って水けをしぼる。ハムは半分に切り、せん切りにする。

2 1をボウルに入れてAを加え、さっくりとまぜる。器に盛り、黒こしょうを振る。

冷蔵
3日

なべで

鶏のから揚げ ごまねぎポン酢

実家のから揚げといえば、コレだったな。
鶏肉につける衣はひとつのボウルでもみ込んでいくからラクチン。
冷めてもたれがしみ込んでこれがまたおいしいんだ。

材料

鶏もも肉…3枚（250g×3）
とき卵…1個分
万能ねぎ…5本
いり白ごま…大さじ2
小麦粉…大さじ2
かたくり粉…適量

A しょうゆ、みりん …各大さじ2
あらびき黒こしょう…少々

B しょうゆ、酢、だし …各大さじ3
みりん…大さじ1½

揚げ油…適量

作り方

1 万能ねぎは小口切りにし、ごま、**B**とまぜ合わせてたれを作る。鶏肉は大きめの一口大に切ってボウルに入れ、**A**をもみ込んで10分おく。とき卵をもみ込み、さらに小麦粉をしっかりもみ込む。水分が残っていたら捨て、かたくり粉を全体にまぶす。

2 なべに揚げ油を170度に熱して**1**の鶏肉を⅓量入れ、3分揚げる。とり出して3分休ませる。油の温度を少し上げ、ときどき空気にふれさせるようにしながらさらに2分揚げる。残りも同様にする。

3 器に盛り、**1**のたれをかける。

Point

二度揚げることで表面がカリッとした歯ごたえに。揚げたてに甘酢のたれをかければ、揚げたても冷めても両方おいしい。

冷蔵
4日

卵焼き器で

甘い卵焼き

冷めてもおいしいのは、断然甘い卵焼きだと思う。
子どもの運動会のお弁当には必ず作るし、
巻きずしや丼の具にも使えるから、大きく作ってたくさん食べよう。

材料

卵…8個
だし…120㎖
砂糖…大さじ4
しょうゆ…大さじ1
サラダ油…適量

作り方

1 ボウルにだし、砂糖、しょうゆを入れてまぜ合わせる。卵を割り入れ、さらに菜箸でよくまぜ合わせる。

2 20×18㎝の卵焼き器にサラダ油を熱してよくなじませ、玉じゃくしで卵液適量を流し入れ、卵焼き器を動かして全体に広げる。ほぼ固まったら向こう側から手前に巻きながら焼いていく。巻いた卵の向こう側に油を薄く塗り、卵焼きを向こう側に動かし、手前にも油を薄く塗る。卵液適量を流し入れ、同じように焼く。これをくり返し、全体にほのかに焼き色をつける。

3 器に盛り、好みで大根おろしを添える。

Point

卵液を全体に広げ、気泡ができたらつぶす。卵焼きを菜箸で持ち上げて、卵焼き器を動かしながらその下にも卵液を行き渡らせる。

冷蔵
3日

なべで

ポテクリコロッケ

おやじが作っていた、お客さんにも好評だった名物コロッケ。
ポテトのようなクリームのような、絶妙な口当たり。
ベシャメルソースはだまにならないようしっかりまぜよう。

材料

玉ねぎ、じゃがいも…各500g
合いびき肉…150g
バター、小麦粉…各100g
牛乳…500mℓ
塩、こしょう…各適量
小麦粉、とき卵、パン粉…各適量
サラダ油…大さじ1
揚げ油…適量
レタス…3～4枚

作り方

1 じゃがいもは塩ゆでし、竹ぐしがスッと通るまでやわらかくなったら熱いうちにマッシャーでつぶす。玉ねぎはみじん切りにする。

2 フライパンにサラダ油を熱して玉ねぎ、ひき肉をしんなりするまでいため、塩、こしょうで味つけする。出てきた余分な脂はキッチンペーパーに吸わせて除く。

3 ベシャメルソースを作る。大きめのなべにバターをとかして小麦粉100gを入れ、木べらで香ばしいにおいがするまでいためる。まぜながら少しずつ牛乳を加えて、なめらかなクリーム状になるまでしっかりとまぜる。**1**のじゃがいも、**2**を加えてまぜ合わせ、塩、こしょうで味をととのえて室温になるまで冷ます。

4 直径6～7㎝の円盤形に丸め、小麦粉、とき卵、パン粉の順に衣をつける。なべに揚げ油を170度に熱し、3～4分揚げる。器にレタスを敷いて盛る。

Point

バターと小麦粉は同量なので覚えやすい。手を休めずしっかりまぜて、ぽってりしてきたらベシャメルソースのでき上がり。

冷蔵
3日

なべで

しょうゆ味とんカツ

義理の母が作ってくれる、僕が好きなとんカツ。
下味がしっかりついているから、ソースなしでもおいしい。
衣は二度しっかりつけて、サクッとしたいい食感に。

材料

豚ロース肉（とんカツ用）…6枚

A
- しょうゆ…大さじ5
- はちみつ…大さじ3
- 酒…大さじ2
- にんにくのすりおろし…小さじ½

B
- 卵…2個
- 牛乳…大さじ3

小麦粉、パン粉…各適量
揚げ油…適量
キャベツのせん切り…適量
ねりがらし…少々
レモン…1個

作り方

1 豚肉は筋を包丁で切り、フォークで全体に数カ所穴をあける。**A**をまぜてもみ込み、10分おく。**B**はバットにまぜる。

2 豚肉に小麦粉をまぶして**B**にくぐらせる。これをもう一度くり返す。

3 パン粉をまぶし、なべに揚げ油を170度に熱し、5～6分揚げる。少し冷ましてから1.5cm幅に切る。器に盛ってキャベツ、からし、レモンのくし形切りを添える。

Point

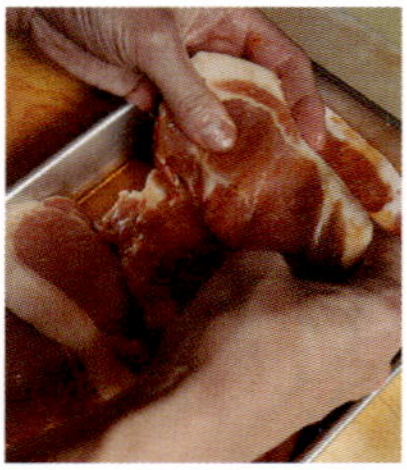

すべての肉の両面に、均等に下味がつくようにもみ込む。フォークで穴をあけてあるので味がしみやすい。ポリ袋や保存袋を使ってもんでもOK。

冷蔵
3日

フライパンで

きんぴら

きんぴらを失敗しないで作るコツは早く火が通るように、
せん切りなどにしてそれぞれの野菜のサイズを均一にそろえること。
火を弱めず一気にいため煮にして、しゃきしゃきの食感を残そう。

材料

ごぼう、れんこん…各150g
にんじん…100g
いり白ごま…大さじ2
一味とうがらし…少々
ごま油…大さじ3
A　酒…90mℓ
　しょうゆ…60mℓ
　砂糖…大さじ2

作り方

1 ごぼう、にんじんは5cm長さのせん切りにする。れんこんは3mm厚さのいちょう切りにする。

2 フライパンにごま油を熱して1をいためる。少ししんなりしてきたらAを加えていため煮にする。汁けがなくなるまで煮て、ごま、一味を振ってからませ、そのまま冷ます。

冷蔵
5日

冷蔵
4日

ボウルで

ポテトサラダ

いろんなポテトサラダを作ったり食べたりしたけれど、
これが僕のオーソドックスな味。
じゃがいもとにんじんの下ゆではひとつのなべで簡単に。

材料

じゃがいも（できれば男爵）…4個
にんじん…½本
玉ねぎ…½個
ゆで卵…1個
塩…適量
こしょう…少々
A 塩、砂糖…各ひとつまみ
　酢…大さじ1
B マヨネーズ…大さじ4
　ねりがらし…小さじ½
パセリ…少々

作り方

1 じゃがいもは一口大、にんじんは半分に切り、同じなべに入れてたっぷりの水でそれぞれがやわらかくなるまで塩ゆでする。にんじんはとり出し、薄切りにする。じゃがいもは湯を捨て、なべを揺すって水けをとばして粉ふきいもにし、熱いうちにAを加えてまぜ、下味をつける。

2 玉ねぎは薄切りにして塩もみし、水でさっと洗って水けをしぼる。ゆで卵はあらみじんに切る。

3 ボウルにじゃがいもを入れ、木べらでざっくりとつぶす。ほかの具材とBを加えてさっとまぜ、塩、こしょうで味をととのえる。器に盛り、パセリのみじん切りを散らす。

魚焼きグリルで

銀だらの西京焼き

おやじがお客さんに頼まれて焼いていたのを思い出す、西京焼き。
僕もお弁当に入れてもらったりしていたな。
香ばしいみそ、脂ののった身……つまみにももってこい。

材料

銀だら…6切れ
塩…少々
A ｜みそ…100g
　｜酒、砂糖…各40g
すだち…3個

作り方

1 銀だらは塩を振り、キッチンペーパーの上で30分ほどおいて、出てきた水けをしっかりとふく。

2 Aはよくまぜ合わせ、1の表面に塗りつけてバットに入れてラップをかけ、冷蔵庫で2日おく。焼く前にみそをぬぐい、魚焼きグリルで焦がさないように焼く。焦げそうな場合はアルミホイルをかぶせて調節する。器に盛り、すだちを添える。

冷蔵
5日

焼く前の状態で5日。
それ以上保存するときは
冷凍で約2週間保存可

冷蔵
4日

フライパンで

いわしのしぐれ煮

煮魚は僕の大好きなメニューのひとつ。
育ち盛りのころ、親から「食べなさい」とよく出されていたっけ。
魚の煮物はくずれやすいから、できるだけいじらないのがポイント。

材料

いわし…6尾
しょうが…60g
しょうゆ…大さじ4
A
- 水…300㎖
- 酒…200㎖
- 砂糖…大さじ2

作り方

1 いわしは頭と内臓をとって水で洗い、水けをキッチンペーパーでしっかりふく。しょうがはせん切りにする。

2 フライパンに1を並べ入れ、Aを注いで火にかける。煮立ったらスプーンでアクをとり、アルミホイルで落としぶたをして10分ほど煮る。

3 アルミホイルをとってしょうゆを加え、さらに10分ほど煮る。煮汁が1/3くらいになったら火を止める。器に盛り、好みで木の芽をのせる。

なべで

煮豚と煮卵

とろとろあめ色になった玉ねぎはいい甘みも出て名わき役。
煮汁は鶏ガラスープでのばしてラーメンスープにしても、
いため物の調味料としても使えるから最後まで楽しめます。

材料

豚肩ロースかたまり肉…500g×2
卵…8個
玉ねぎ…1個
しょうが…10g
こぶ（だし用）…5g

A
- 水…2ℓ
- 酒…360mℓ

B
- しょうゆ…300mℓ
- みりん…120mℓ
- 砂糖…大さじ10

ねりがらし…少々
ねぎ…1本

作り方

1 豚肉はフォークで全体に穴をあけ、たこ糸で端からグルグルとしばる。フライパンで全体に焼き色がつくように焼く。玉ねぎは薄切り、しょうがはせん切りにする。

2 なべに **A**、豚肉、玉ねぎ、しょうが、こぶを入れて火にかけ、煮立ったらアクをとりながら30分煮る。**B** を加えて弱火でさらに2時間煮る。そのまま冷まし、保存容器などに入れてできれば1日おく。

3 室温にもどした卵を沸騰した湯に入れ、かきまぜながら6分ゆでる。冷水につけて冷まし、殻をむいて **2** の煮汁につける。

4 食べるときは固まった脂を除いて適当な大きさに切り、卵とともに器に盛る。斜め薄切りにして水にさらしたねぎとからしを添える。

Point

たっぷりの煮汁とともに冷蔵庫で保存。冷やすと豚肉の脂が白く固まるので、食べる前にキッチンペーパーなどでとり除こう。

冷蔵
5日

煮物のだしとりが手間ならば
味出し食材で作ればいい

Part 2

だしとり不要の煮物

めんどうなときは味出し食材で煮物を。

煮物が食べたい、と思っても、まずだしをとる気力がわかない、そんな日もあるだろう。そんなとき、市販のだしを使わなくとも、食材そのものからいいだしが出る〝味出し〟食材を覚えておけば、おいしく手早く煮物が仕上がるので便利だ。

基本的にこぶは肉とも魚とも相性がいいから、煮る前になべに加えればそれでOK。また、「焼き色」というのも調味料だと僕は思っている。焼き色がおいしさになるので鶏肉などはぜひ煮る前にこんがり色をつけてほしいな。

味出し食材をうまく使って、気負わず、おいしく煮物を作ろう。食べ終わったあと、心も体も満たされているのが実感できると思うから。

主な味出し食材
肉類
肉を香ばしく焼くことで調味料ともいえるおいしい風味が加わる。骨つきだとさらにうまみが増す。
こぶ
魚介類、肉類といった動物性の食材に欠かせない。煮る前に加えて相乗効果でさらなるうまみを。
きのこ類
少し加えるだけでうまみが増す。1〜2時間、風通しのいいところで日干しすればうまみが凝縮される。
魚介類
水から煮るだけでいいだしが出るありがたい食材。煮汁は最後まで味わうべし。
缶詰類
トマトはこぶと同じうまみ成分なので和食とも好相性。煮物やソースに積極的に使いたい。

フライパンで

手羽じゃが

肉じゃがを、手ごろな手羽先で作ればだしいらずで便利。
最初に、手羽にこんがりと焼き色をつけることがたいせつ。
焼きつけた香ばしさが加わって、うまみがまったく違うから!

材料

鶏手羽先…10本
じゃがいも(できればメークイン)
…3個
にんじん…½本
玉ねぎ…½個
絹さや…8枚
A 水…400mℓ
酒…100mℓ
しょうゆ…大さじ3
砂糖…大さじ2
こぶ(だし用)…3g
サラダ油…大さじ1

作り方

1 手羽先は関節から先を切り落とす。じゃがいもは大きめの乱切り、にんじんは乱切り、玉ねぎはくし形切り、絹さやはへたと筋を除く。Aはまぜる。

2 大きめのフライパンにサラダ油を熱し、手羽先を皮目から入れて焼く。皮目にこんがりと焼き色がついたら上下を返し、もう片面にも焼き色をつける。じゃがいも、にんじん、玉ねぎを加えていため合わせる。野菜全体にしっかり油が回ったらAとこぶを加え、煮立ったら弱火にしてアルミホイルで落としぶたをして10分煮る。

3 絹さやを加えてさらに5分煮る。

・フライパンに手羽先が入りきらなければ、大きめのなべで作っても。

Point

はじめに焼くことで、表面は香ばしく、中はうまみがとじ込められてジューシーに。じっくり色をつけよう。

こぶはどんな食材ともケンカしないオールラウンダー。煮るときにポンと入れると、肉との相乗効果でさらにうまみがアップ。

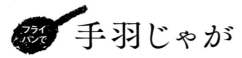

冷蔵
3日

冷蔵
3日

なべで

鶏のすき煮風

香ばしい鶏肉と野菜を一緒に煮るだけの簡単すき煮。
ボリュームもあって、栄養バランスもよし。
なべ感覚で手早くできるので、忙しい日にも作ってほしいな。

材料

鶏もも肉…2枚（250g×2）
ねぎ…1本
春菊…½束
白菜…⅙個
しいたけ…4個
こぶ（だし用）…5g
A | みりん…200mℓ
水、酒、しょうゆ…各100mℓ

作り方

1 フライパンを油を引かずに熱し、鶏肉の皮目をこんがりと色づくまで焼く。とり出してあら熱がとれたら一口大のそぎ切りにする。ねぎは斜め薄切り、春菊は葉をつみ、白菜はざく切り、しいたけは石づきを落として4等分に切る。

2 なべに**A**とこぶを入れ、煮立ったら**1**を並べ入れ、10分ほど煮る。

Point

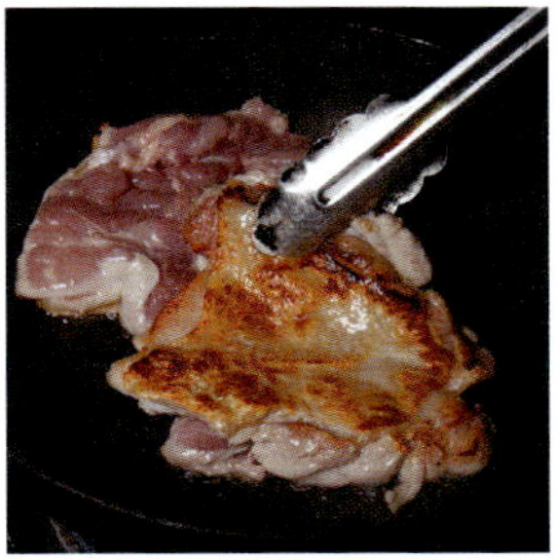

こんがりと焼き色がつくまでしっかり焼こう。余分な脂も落ちてうまみも凝縮される。焼くのは皮目だけでOK。

フライパンで

肉どうふ

煮汁の入ったフライパンに具材を一度に入れて煮るだけ。
牛肉の濃いうまみをほかの食材にしっかり吸わせます。
彩りと味わいのアクセントに、貝割れ菜をプラスして。

材料

牛こまぎれ肉…300g
焼きどうふ…2丁（300g×2）
しらたき…1袋（200g）
玉ねぎ…1個
こぶ（だし用）…5g
A　水…300mℓ
　　酒…150mℓ
　　しょうゆ…80mℓ
　　砂糖…大さじ4
貝割れ菜…½パック

作り方

1 しらたきは熱湯で1分ほど下ゆでし、ざるに上げて湯をきり、食べやすく切る。焼きどうふはキッチンペーパーで包んで軽く水きりし、半分に切る。玉ねぎは薄切りにする。牛肉は食べやすく切って、沸騰した湯にさっとくぐらせて霜降りにし、ざるに上げる。

2 フライパンに**A**とこぶを入れてひと煮し、**1**をそれぞれ重ならないように並べ入れる。アルミホイルで落としぶたをして15分煮る。

3 しらたきが色づいたら火を止めていったん冷まし、食べる前にあたためる。器に盛り、貝割れ菜を添える。

冷蔵
3日

フライパンで 鮭のトマト煮

トマトにはこぶと同じうまみ成分であるグルタミン酸が豊富。
だから和食にも、トマトをだし食材と考えて使います。
鮭の皮目は香ばしく焼き、もう片面は煮くずれしないよう軽く焼こう。

材料

生鮭…4切れ
玉ねぎ…½個
しめじ…1パック
トマト缶…1缶
塩…適量
A ｜酒…100mℓ
｜しょうゆ…大さじ2
｜砂糖…大さじ1
サラダ油…少々
万能ねぎ…5本

作り方

1 玉ねぎは薄切り、しめじは手でほぐす。万能ねぎは小口切りにする。鮭に塩を振る。Aはまぜる。

2 フライパンにサラダ油を引いて熱し、鮭を皮目から焼く。焼き色がついたら上下を返してさっと焼き、いったんとり出す。

3 フライパンの余分な油をふきとり、玉ねぎ、しめじを塩を振っていためる。しんなりしてきたら鮭を皮目を上にして並べ入れ、トマトをくずしながら缶汁ごと加え、Aも加えて弱火で15分ほど煮る。

4 塩で味をととのえ、器に盛って万能ねぎを飾る。

なべで

あさりのうま煮

あさりを煮るときは酒を多めに入れ、味を引き出すのがポイント。
こぶを加えて、相乗効果でさらに深い味わいに。
煮汁がじゅわっとしみたかぶも、たまらなくおいしい。

材料

あさり（殻つき）…400g
かぶ…4個
塩…少々

A
- 水…600mℓ
- 酒…100mℓ
- こぶ（だし用）…5g

B
- 薄口しょうゆ…大さじ2
- 砂糖…大さじ1

ゆずの皮…¼個分

作り方

1 あさりは砂出しして殻をこすり洗いする。かぶはくし形切りにする。茎の部分は刻んで塩もみし、出てきた水けをしぼる。

2 なべにあさりをAとともに入れて火にかける。煮立ったら弱火にしてアクをとり、口があいたらなべからいったんとり出し、殻から身をはずす。かぶ、Bを入れて弱火のまま10分ほど煮、かぶに火が通ったら、あさりの身を戻してさっと煮る。

3 器に盛り、かぶの茎、ゆずの皮を削りながら散らす。

なべで

海鮮きのこ煮

ちょっと豪華だけど、えび、ほたてを入れると極上のだしが完成。
人を招いたとき、時間がなくても自信をもってもてなせます。
煮汁がほんとにおいしいから、一滴残らず飲み干してほしいなあ。

材料

えび（ブラックタイガー）…8尾
ほたて貝（ボイルしたもの）…8個
えのきだけ、エリンギ…各1パック
しいたけ…6個
ねぎ…1本
こぶ（だし用）…5g
A 水…500mℓ
しょうゆ、みりん
…各大さじ4

作り方

1 えびは殻をむいて背わたを除く。ほたては大きければ半分に切る。えのきは長さを半分に切り、エリンギは手で裂く。しいたけは石づきを落として薄切りにする。ねぎは斜め薄切りにする。

2 なべに **A**、こぶ、**1**を入れて5分ほど煮る。

冷蔵
3日

Part 3

肉そうざい

多めに買って一気に調理
経済的だし、なにより楽しい

時間が
たつほど
味しみが
よくなる

保存容器に入れて冷蔵庫で保存。時間がたてば味がしみてさらにおいしく。

たくさん
作って、
冷凍しても

下味をつけたら生肉のまま冷凍保存。しっかり解凍してから火を通そう。

肉を豪快に扱うって、
料理の醍醐味だと思うよ

肉そうざいってたくさん作るほどおいしい。

「食べるぞ！」っていう気持ちがわき上がってくる。おなかいっぱいになるまで食べたくなる。それが肉そうざいだと思う。だから、肉は多めに買って一度に調理するのがいい。そのほうが、味も決まりやすいし、経済的。できたてはもちろん、南蛮漬けや煮物であれば、作った翌日以降さらに味がなじんでおいしくなるし、一度には食べきれないな、というときには下味をつけた状態で冷凍もできる。

　肉ってなんだか楽しい。「うちのカレーは豚肉だった」「うちは鶏肉！」なんてね。肉そうざいを一緒に食べれば仲よくなれる、とはいいすぎだろうか。

なべで

鶏むね南蛮

むね肉は値段も手ごろだし、しっとりした味わいも僕は好きだな。
皮ははいで身と分けて揚げることで、2つの味わいが楽しめる。
時間がたつほど肉につけ汁がなじむからたくさん作って作りおきを。

材料

鶏むね肉…2枚（250g×2）
玉ねぎ…1個
にんじん…80g
ピーマン…2個
赤とうがらし…2本
こぶ（だし用）…5g
塩、こしょう…各少々
小麦粉…適量
A
水…600mℓ
酢…300mℓ
砂糖…大さじ6
薄口しょうゆ…大さじ3
塩…小さじ2
レモン汁…1個分
揚げ油…適量

作り方

1 玉ねぎは薄切り、にんじん、ピーマンはせん切り、赤とうがらしはちぎって種を除く。ボウルにAをまぜ、砂糖がとけたら玉ねぎ、にんじん、ピーマン、赤とうがらしとこぶを入れる。

2 鶏肉は皮をはいで一口大のそぎ切りにし、皮の部分も一口大に切る。塩、こしょうで下味をつける。

3 小麦粉をまぶし、なべに揚げ油を170度に熱して身の部分は3～4分、皮はカリッとするまで揚げる。とり出して油をきり、熱いうちに1につける。落としラップをして冷蔵庫で2時間以上おき、味をなじませる。

Point

野菜とつけ汁をまぜ合わせたら、最後にこぶを加えて作る南蛮だれ。これさえ覚えれば、豚肉や魚でも応用できる。

冷蔵
5日

冷蔵
5日

フライパンで

手羽の甘辛だれ

甘じょっぱいたれがからんだジューシーな手羽先は子どもも大好き。
大人には冷えたビールのおつまみとして最高の組み合わせ。
お皿にどーんとたくさん盛って、みんなで豪快にかぶりつこう!

材料

鶏手羽先…10本
かたくり粉…適量
A 酒…大さじ2
　塩…小さじ½
B 酒、しょうゆ、みりん
　　…各大さじ4
　酢…大さじ2
　砂糖…大さじ1
　しょうがのすりおろし、
　　にんにくのすりおろし…各小さじ1
あらびき黒こしょう…少々
いり白ごま…大さじ1
揚げ油…適量

作り方

1 手羽先はフォークで全体に穴をあけてAをもみ込み、5分おく。水けをふいてかたくり粉をまぶし、なべに揚げ油を170度に熱して4〜5分カリッと揚げる。

2 フライパンにBを入れて火にかけ、少しとろみがつくまで煮詰めたら1を加えて煮からめる。黒こしょう、ごまを振る。

冷蔵
4日

なべで

鶏もも肉と大根の煮物

大根は乱切りではなくいちょう切りにすると早く煮えて時間短縮に。
時間がたつほど大根にもじんわり味がしみておいしくなるから、
作ったきょうよりも、あしたが楽しみな料理かもしれない。

材料

鶏もも肉…2枚（250g×2）
大根…½本
こぶ（だし用）…5g
A 水…600mℓ
酒、しょうゆ、みりん…各50mℓ
砂糖…大さじ2
一味とうがらし…少々
ごま油…大さじ1
貝割れ菜…⅓パック

作り方

1 鶏肉は大きめの一口大に切り、大根は1㎝厚さのいちょう切りにする。

2 なべにごま油を熱して鶏肉を皮目から入れていため、色が変わったら大根を加えて油が全体に回るまでいためる。**A**とこぶを加え、煮立ったらアクをすくう。アルミホイルで落としぶたをして20分煮る。

3 器に盛り、貝割れ菜を添えて一味を振る。

Point

大根を加えたら、フライパンを揺すりながらさらにしっかりといため、うまみを大根にも行き渡らせる。

なべで

鶏つくねとキャベツの白みそ煮

冷蔵3日

だしを使っていないシンプルな白みそベースのスープなのに、具材から出るうまみだけで、体もあたたまる深い味わいに。つくねに入れたおろし玉ねぎがふわふわ食感の秘訣。

材料

鶏ひき肉…500g
玉ねぎ…2個
キャベツ…½個
こぶ（だし用）…5g
白みそ…大さじ4

A
- 卵…1個
- かたくり粉、しょうゆ、みりん、砂糖…各大さじ1
- 塩…小さじ1弱

B
- 水…1.2ℓ
- 薄口しょうゆ、みりん…各60mℓ

粉ざんしょう…少々
万能ねぎ…5本

作り方

1 キャベツはざく切り、万能ねぎは小口切りにする。

2 鶏つくねを作る。玉ねぎはすりおろし、キッチンペーパーで包んで水けをしっかりしぼる。ボウルに入れ、ひき肉、Aとよくねりまぜる。

3 なべにB、こぶを入れて火にかけ、煮立ったらつくねのたねを12〜15個にスプーンで丸めながら入れる。つくねに火が通ったらいったんとり出し、キャベツを入れて火が通るまで煮る。白みそで味をととのえ、つくねを戻し入れてひと煮する。万能ねぎを散らし、粉ざんしょうを振る。

フライパンで

豚ロースのはちみつレモン焼き

はちみつは肉をやわらかくする効果があるから、
冷めてもしっとりとしたままでお弁当にもぴったり。
レモンとにんにくの香りが、なんとも食欲をそそります。

材料

豚ロース（とんカツ用）…6枚
にんにく…2かけ
あらびき黒こしょう…少々
A　はちみつ…大さじ4
　しょうゆ…大さじ3
　レモン汁…1個分
サラダ油…大さじ1
レタス…¼個
レモン…1個

作り方

1 豚肉はフォークで全体に穴をあける。にんにくは薄切りにする。保存袋に入れてAを加え、よくもみ込んで冷蔵庫で半日おく。

2 フライパンにサラダ油を熱し、1のにんにくを除いて汁けをきって並べ入れ、中に火が通るまで両面焼く。

3 器にレタスを敷いて盛り、黒こしょうを振る。レモンの輪切りを添える。

冷蔵3日

焼く前の状態で5日。
それ以上保存するときは
冷凍で約2週間保存可

フライパンで

和風ハンバーグ

しいたけをハンバーグのたねに入れてうまみをアップ。
パン粉は使わず、かたくり粉を加えてしっとり仕上げよう。
つけ合わせはのりの風味豊かなサラダでさっぱりと。

材料（12個分）

合いびき肉…600g
卵…2個
玉ねぎ…2個
しいたけ…2個
酒…大さじ1
塩…少々
あらびき黒こしょう…少々
A | かたくり粉、酒…各大さじ1
　| 塩、こしょう…各適量
サラダ油…適量

〈ソース〉
| 大根おろし…大さじ4
| みりん…大さじ2
| 酒、しょうゆ…各大さじ1

〈つけ合わせ〉
| 水菜…½束
| 焼きのり…全形1枚
B | ごま油…大さじ1
　| いり白ごま、塩…各適量

作り方

1 ハンバーグを作る。フライパンにサラダ油を熱してみじん切りにした玉ねぎ、しいたけをいためる。塩を振ってしっかりいためたらバットにとり出し、あら熱をとる。ボウルにひき肉、いためた玉ねぎとしいたけ、**A**、卵を割り入れよくねりまぜる。12等分し、手に油をつけて円形にまとめる。

2 フライパンにサラダ油大さじ1を熱し、**1**を並べ入れて焼く。焼き目がついたら返してもう片面も焼く。酒を振ってふたをし、弱火で5分ほど蒸し焼きにする。

3 ハンバーグをとり出し、フライパンの余分な油を軽くキッチンペーパーでふきとってソースの材料を入れ、ひと煮立ちさせる。

4 つけ合わせの水菜は5㎝長さに切り、のりは食べやすい大きさにちぎって**B**であえる。

5 ハンバーグを器に盛って**4**を添え、ソースをかけて黒こしょうを振る。

Point

ハンバーグのたねは、粘りが出て白っぽくなるまでよくねりまぜよう。冷凍保存する場合は円形にまとめたあとラップで包んで。

冷蔵
3日

冷凍するときは
焼く前の状態で。
約7日保存可

フライパンで

牛こま玉

フライパンに一度に入れてOKな、時間差調理不要の牛丼のもと。
先に玉ねぎを入れてその上に牛肉をのせることで順番に火が入るから
玉ねぎはしっかり甘く煮えて、牛肉はやわらかいままの仕上がりに。

材料

牛こまぎれ肉…400g
玉ねぎ…2個
しょうが…20g
しょうゆ…大さじ5
A｜水…300mℓ
　｜酒…200mℓ
　｜砂糖…大さじ3½
木の芽…少々

作り方

1 玉ねぎは繊維を断ち切るように薄切り、しょうがはせん切りにする。牛肉は沸騰した湯にさっとくぐらせてアクをとり、ざるに上げて湯をきる。

2 フライパンに玉ねぎ、しょうがを広げて入れ、その上に牛肉をのせ、Aを加えて火にかける。煮立ったらアクをとって5分ほど煮る。しょうゆを加え、アルミホイルで落としぶたをしてさらに10分ほど煮る。

3 少し煮汁が残る程度で火を止め、木の芽を散らす。

ごはんにのせて!

冷蔵4日

冷蔵
4日

フライパンで

笠原家の豚こまカレー

わが家のカレーといえば、肉は豚こまぎれが定番。
ルウは使わずカレー粉で具材をいため、みそでコクと風味をプラス。
だしのうまみがきいているから、うどんにかけてもおいしい。

材料

豚こまぎれ肉…400g
玉ねぎ…1個
じゃがいも…2個
にんじん…1本
にんにく…1かけ
しょうが…10g
カレー粉、水どきかたくり粉
…各大さじ3
塩、こしょう…各少々
A だし…1.5ℓ
しょうゆ…大さじ3
みりん…大さじ2
みそ、砂糖…各大さじ1
サラダ油…大さじ2

作り方

1 玉ねぎはくし形切り、皮つきのじゃがいも、にんじんは乱切り、にんにく、しょうがはすりおろす。

2 フライパンにサラダ油を熱して豚肉をいため、塩、こしょうを振る。色が変わったら**1**を加えていため合わせ、全体に油がなじんだらカレー粉を振り入れ、香りが立つまでさらにいため合わせる。

3 **A**を加えて15分ほど煮て、すべての食材にしっかり火が通ったら仕上げに水どきかたくり粉でとろみをつける。

切り身にしてあるし、
下味をもみ込む必要もなし。
いちばんの手間なしそうざいって、
実はこれかもしれない

Part 4

魚そうざい

魚を
じょうずに
煮るコツ

魚は煮くずれしやすいので重ねず、いじらないこと。フライパンなど広く浅いなべがよい。

アルミホイルで落としぶたをすると、煮汁が対流して少ない量で味と熱が行き渡る。

切り身なら包丁いらず。魚って実はラクチン。

煮魚か塩焼きくらいしか思いつかなくて……なんて話を聞くと、魚ってチョット敬遠されているのかな?と思う。でも、そんなことはない! 最近ではスーパーでも好きなようにさばいてくれるし、魚介類は火が通るのも早いからさほど調理時間もかからない。ボリュームをアップしたければほかの食材と煮合わせてもおいしいし、下味をつけて焼けば、特売品の切り身だってぜいたくな一品に変身する。

しいていうなら、下ごしらえは大事。霜降りはくさみやアク、余分な油をとって煮くずれしにくくしてくれるから、できればこのひと手間はかけてほしいな。

フライパンで

さばの梅みそ煮

青背の魚は梅と相性がいい。ならばさばのみそ煮にもと加えてみたら
みそのコクの中にさっぱりした風味が加わって大正解。
日もちの効果も高いから、6切れくらいまとめて作っておくのがおすすめ。

材料

さば…6切れ
なす…3個
しょうが…1かけ（20g）
梅干し…8個
A
- 水…500mℓ
- 酒…100mℓ
- みそ…大さじ5
- 砂糖…大さじ3
- しょうゆ…大さじ1

青じそ…5枚

作り方

1 さばは皮目に1cm間隔くらいに切り目を入れて湯にさっとくぐらせ霜降りし、湯をきる。なすは皮をむいて縦4等分に切る。しょうがは薄切りにする。

2 フライパンに**A**を入れ、さっとまぜてみそをとく。さばを並べてあいたところになす、しょうが、梅干しも入れる。火にかけて煮立ったらアクをとり、アルミホイルで落としぶたをして10分煮る。アルミホイルをとってさばをとり出し、煮汁が半量になるまで煮詰める。

3 器に盛って煮汁をかけ、青じそのせん切りを添える。

Point

火にかける前に梅干しをのせる。風味と日もちの効果だけでなく、魚のくさみも消してくれる、理にかなった食材だ。

冷蔵
4日

冷蔵3日

フライパンで

ぶりごぼう

ぶり大根はおなじみだけど、ぶりとごぼうも相性のいい食材。
仕上げに火を強めて、うまみたっぷりの煮汁をしっかりからめよう。
ゆずの皮と万能ねぎを添えてさわやかな香りをプラスして。

材料

ぶり…6切れ
ごぼう…250g
こぶ（だし用）…5g
A
- 水…600mℓ
- 酒…100mℓ
- しょうゆ…50mℓ
- みりん、砂糖…各大さじ2

万能ねぎ…5本
ゆずの皮…¼個分

作り方

1 ごぼうは5cm長さくらいの乱切りにして水から下ゆでする。やわらかくなったら水にさらして水けをきる。ぶりは一口大に切り湯にさっとくぐらせ霜降りして湯をきる。

2 フライパンに1、A、こぶを入れて火にかけ、煮立ったらアクをとり、アルミホイルで落としぶたをして10分煮る。アルミホイルをとって少し火を強め、ときどき煮汁をかけながら5分ほど煮て、煮汁にとろみがついてきたら火を止める。

3 器に盛り、5cm長さに切った万能ねぎ、すりおろしたゆずの皮を散らす。

Point

魚の身は火を入れすぎるとかたくなってしまうので、短い時間で火を通そう。そのためごぼうはあらかじめ下ゆでを。

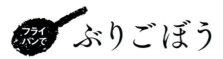

フライパンで

かじきのしょうが焼き

かじきは身くずれしにくくて扱いやすい魚だから、
豚肉のかわりにしょうが焼きを作ってみたら、これがうまい！ 淡泊だから
しっかり小麦粉をつけて味のからみをよくすれば、食べごたえも大満足。

材料

かじき…3～4切れ
玉ねぎ…1個
小麦粉…大さじ3
A
- 酒、みりん、しょうゆ…各大さじ3
- はちみつ…大さじ2
- しょうがのすりおろし…小さじ1

あらびき黒こしょう…少々
サラダ油…大さじ3
キャベツ…¼個
ミニトマト…4個

作り方

1 キャベツはせん切り、玉ねぎは薄切りにする。かじきは一口大に切り、小麦粉を全体にしっかりまぶす。**A**はまぜる。

2 フライパンにサラダ油大さじ1½を熱し、かじきを両面カリッとするまで焼いていったんとり出す。フライパンに残った余分な油をキッチンペーパーでふきとってサラダ油大さじ1½を熱し、玉ねぎをしんなりとするまでいためる。

3 かじきを戻していため合わせ、**A**を加えて煮からめる。器に盛り、キャベツとミニトマトを添え、黒こしょうを振る。

冷蔵
3日

フライパンで

さわらの柚庵《ゆうあん》焼き

下味にゆずを加えるだけでいつもの切り身がぜいたくな味わいに。
アボカドは焼いてもとろりとおいしくてしょうゆ味とも合うから、
添え物として出せば目新しく、立派なおもてなしのひと皿に。

材料

さわら…4切れ
ゆず…½個
アボカド…½個
A | 酒、しょうゆ、みりん
…各大さじ4
サラダ油…大さじ1
大根おろし…大さじ4
すだち…1個

作り方

1 さわらは皮目に切り目を入れる。ゆずは輪切りにする。アボカドは縦4等分に切る。バットにさわらを並べて**A**をかけ、輪切りにしたゆずをしぼり、しぼったゆずも上にのせる。キッチンペーパーをかぶせて30分ほどつける。

2 フライパンにサラダ油を弱火で熱し、さわらの汁けをキッチンペーパーでふいて皮目から並べて焼く。焼き色がついたら返し、もう片面も焼く。あいたところにアボカドも並べ、一緒に焼く。

3 全体に焼き色がついたら**1**のつけだれの残りを適量加え、さわらとアボカドにからめながら仕上げる。器に盛り、大根おろしとすだちを添える。

フライパンで

鮭と厚揚げのピリ辛煮

鮭はどんな食材とも相性がいいから煮合わせるのに便利。
豆板醤をプラスすれば、パンチのきいたピリ辛味に。
お父さんの晩酌に、育ち盛りのごはんのお供にぜひ！

材料

生鮭…4切れ
厚揚げ…1枚（200g）
ねぎ…1本
さやいんげん…6本
こぶ（だし用）…5g

A
水…600mℓ
しょうゆ、みりん…各大さじ3
砂糖…大さじ1
豆板醤…小さじ1

作り方

1 ねぎは1cm厚さの斜め切り、いんげんは長さを半分に、厚揚げは一口大に切る。鮭は3等分に切り、湯にさっとくぐらせて霜降りし、ざるに上げて湯をきる。

2 フライパンにねぎ、厚揚げ、鮭、**A**、こぶを入れ、火にかける。煮立ったらアルミホイルで落としぶたをし、10分煮る。アルミホイルをとっていんげんを加え、さらに5分ほど煮る。

Point

あらかじめだしを用意しなくても、煮る前にこぶを加えるだけでいいだしが全体に回る。いんげんは時間差で煮よう。

保存容器で

たこのねぎ塩マリネ

マリネとは、つけ汁にひたす料理のこと。酢と倍量のごま油、
少しのみりんで和の食卓に活躍するマリネ液のでき上がり!
いろんな食材に応用できるからこのレシピを覚えておけば便利。

材料

ゆでだこの足…2本（150g）
ねぎ…½本
万能ねぎ…5本
いり白ごま…大さじ1
あらびき黒こしょう…少々
ミニトマト…6個
（できれば赤、黄各3個）

A
ごま油（あれば太白ごま油）…100mℓ
酢…50mℓ
みりん…大さじ2
塩…小さじ1

作り方

1 ねぎはみじん切り、万能ねぎは小口切りにしてAとまぜ合わせる。

2 たこは一口大のそぎ切りにして保存容器に並べる。1をかけてごま、黒こしょうを振り、くし形切りにしたミニトマトを散らす。

**こんな食材も
マリネにぴったり**

とても簡単なのに、ごちそうな感じがするので持ち寄りパーティーでも活躍しそうなマリネ。たこ以外でも、いか、ほたて貝柱、ゆでたえびなど魚介系ならなんでも合う。鶏ささ身も、しっとりとしておいしい。野菜もパプリカなど彩りのいいもので楽しんで。

冷蔵
3日

なべで

いかと里いものじか煮

田舎のおばあちゃんの作り方をイメージして、里いもを下ゆでせずじか煮に。
とろみがついた煮汁が具材にからんで、ほっとする味。
素朴な料理は気どらず、気軽に作ってこそのおいしさがあると思う。

材料

するめいか…2はい
里いも…6個
A　だし…400mℓ
　　酒…100mℓ
　　しょうゆ…大さじ3
　　砂糖…大さじ2½
ゆずの皮…少々

作り方

1 いかは足を引き抜いて内臓を除き、胴は皮つきのまま1cm幅の輪切りにし、足は2本ずつ切り分ける。里いもは一口大に切る。

2 なべに1とAを入れ、煮立ったらアルミホイルで落としぶたをして15分ほど煮る。

3 里いもに竹ぐしを刺してスッと通ったら火を強め、少し煮詰める。器に盛り、ゆずの皮のせん切りを散らす。

Point

いかとともにさっと洗っただけの里いもを煮汁に投入。下ゆでしないことでねっとりと濃厚な里いも本来の風味が味わえる。

冷蔵
4日

厚揚げ、ちくわ、おからに、乾物いろいろ。日本に伝わるすぐれた食材を今こそ見直したい

Part 5
乾物と便利食材

食材の特性を生かして、自由な発想で献立に。

　納豆にひじき、とうふにこんにゃく……どれかひとつは台所にあるんじゃないかな。日もちもしてストックにも便利なこれらの食材は、低カロリーで栄養豊富。日本の誇るべき食材だと思う。そうざいと切っても切れない関係だ。
　その食材それぞれの特性を生かせば、レパートリーだってぐんと広がる。たとえばおからは、元は大豆だから肉でも魚でもうまみのあるものとならなんでも合う。ひじきや切り干し大根などの乾物は油とも相性がいいから、サラダや、焼きそば、パスタにもいいね。煮物一辺倒に飽きたら、自由な発想で作って、もっと乾物や便利食材を献立にとり入れてほしい。

乾物はたっぷりの水でもどしてしっかり水けをきることがたいせつ

水分が抜けたところに味が入っていくので、時間をかけてもどし、十分に水きりを。味しみも食感もぐっとよくなる。

なべで

こんにゃくの梅煮

こんにゃくは、ねじれた形の手綱こんにゃくにすることで
味がよくしみ込むので、ぜひひと手間かけてほしい。
梅干しが、調味料としていい仕事をしてくれるんだ。

材料

こんにゃく…2枚（150g×2）
梅干し…8個
A　だし…300㎖
　　しょうゆ、砂糖…各大さじ2
いり白ごま…少々

作り方

1 こんにゃくは7～8㎜厚さに切り、上下2㎝ほどを残して中央に切り込みを入れ、片方を通して、手綱こんにゃくにする。

2 なべに入れ、かぶるくらいの水を加えて火にかけ、煮立ったら5分ほどゆでる。ざるに上げて湯をきる。

3 2のなべにこんにゃくを戻し、A、梅干しを加えて火にかけ、煮立ったら10分ほど煮る。そのまま冷まして味を含ませ、器に盛ってごまを振る。

フライパンで

しらたきの塩昆布いため

しらたきにしっかり塩こぶのうまみをからめよう。
汁けがなくなるまでしっかりといためるのがコツです。
辛みもきかせて、ごはんがほしくなるおいしさだ。

材料

しらたき…2袋（180g×2）
にんじん…½本
さやいんげん…8本
塩こぶ…10g
A 酒…大さじ3
　しょうゆ…大さじ1
　みりん…大さじ1
一味とうがらし…少々
ごま油…大さじ2

作り方

1 しらたきはなべに入れ、かぶるくらいの水を加えて火にかけ、煮立ったら5分ほどゆでる。ざるに上げて湯をきり、ざく切りにする。

2 にんじんは2㎜幅くらいのせん切り、いんげんはへたを切り落として3等分に切る。

3 フライパンにごま油を熱し、**2**をいためる。しんなりしてきたら**1**、**A**、塩こぶを加えて汁けがなくなるまでいため合わせ、火を止める。仕上げに一味を振る。

なべで

こんにゃく、卵、さつま揚げのおでん

買いおきに便利な食材3種だけで作った、シンプルバージョン。
一度冷まして食べるときにあたためると味しみがよくなる。
こうして気軽に作って副菜として食べる、気ままなおでんもいい。

材料

こんにゃく…2枚（150g×2）
ゆで卵…4個
さつま揚げ…4枚
A
- だし…1ℓ
- 薄口しょうゆ…50mℓ
- みりん…50mℓ
- 砂糖…大さじ1

作り方

1 こんにゃくは両面に2〜3㎜深さの切り目をこまかく入れ、一口大に切る。なべに入れ、かぶるくらいの水を加えて火にかけ、煮立ったら5分ほどゆでる。ざるに上げて湯をきる。さつま揚げは一口大に切り、沸騰した湯にさっとくぐらせて油抜きする。

2 なべにA、1とゆで卵を入れて火にかけ、煮立ったら弱火にして20分ほど煮る。一度冷まして味を含ませ、食べるときにさっとあたためる。器に盛り、好みでねりがらしを添える。

フライパンで

厚揚げそぼろ煮

厚揚げは煮くずれしにくいから、気兼ねなく使えるのがうれしい。
鶏のひき肉と一緒にいため煮にして、ボリュームもしっかり。
ごはんにのせて丼みたいにして食べてもいいね。

材料

厚揚げ…2枚（200g×2）
鶏ひき肉…150g
ねぎ…1本
A｜だし…300㎖
　｜しょうゆ、みりん
　｜　…各大さじ2
　｜砂糖…大さじ½

作り方

1 ねぎは小口切りにする。厚揚げは一口大に切る。

2 フライパンを熱し、ひき肉をいためる。ほぐれてきたらねぎを加えていため合わせる。

3 厚揚げとAを加えて全体をまぜ合わせ、弱火にして10分ほど煮る。そのまま冷まして味を含ませる。食べるときはさっとあたためる。

フライパンで

納豆みょうがきつね焼き

薬味をきかせた納豆を、カリッと焼いた油揚げに詰めて。
ビールのお供にパパッと作れば喜ばれることうけあい。
冷めてもおいしいので、実はお弁当のおかずとしても優秀。

材料

油揚げ…3枚
納豆…2パック
みょうが…2個
A しょうゆ…大さじ1
　みりん…小さじ1
　いり白ごま…大さじ1
　ねりがらし…小さじ½
青じそ…6枚

作り方

1 みょうがは小口切りにする。油揚げは2等分に切って袋状にする。

2 ボウルに納豆、みょうが、**A**を入れてまぜ、6等分してそれぞれ油揚げに詰める。

3 フライパンを熱し、両面こんがりと焼き色がつくまで焼く。青じそとともに器に盛る。

冷蔵
5日

Point

しっかりいためて、油を全体になじませてから煮汁を加えることでしっとりとしてうまみたっぷりの口当たりに。

フライパンで

しっとり鶏ひきおから

おからは栄養価も高くて人気だけど、パサついてじょうずに作れない……
という人は、ぜひこのレシピを覚えてほしいな。
ちょっとしたコツで、驚くほどしっとりしたおからができます。

材料

おから…200g
鶏ひき肉…100g
しいたけ…4個
ごぼう…1/5本
にんじん…5㎝
三つ葉…10本
塩…少々
A 水…400㎖
酒、しょうゆ、砂糖…各大さじ3
サラダ油…大さじ4

作り方

1 しいたけは薄切り、ごぼうはささがき、にんじんは2㎜幅のせん切りにする。三つ葉は1㎝長さに切る。**A**はまぜる。

2 フライパンにサラダ油を熱してしいたけ、ごぼう、にんじんを入れ、塩を振っていためる。油がなじんできたらひき肉を加え、火が通ったらおからを加え、油がなじむまでよくいためる。

3 **A**を加え、ときどきまぜながら煮詰め、煮汁がほとんどなくなったら三つ葉を加え、ひとまぜする。

冷蔵
2日

フライパンで

とうふのおかか焼き

とき卵と削り節で厚めに衣をつけて焼いた一品。
削り節の香りとカリッとした食感が、中のとうふと好相性。
しょうがじょうゆとすだちでさっぱりと。

材料

木綿どうふ…2丁（300g×2）
とき卵…1個分
削り節…20g
小麦粉…適量
サラダ油…大さじ2
すだち…½個
しょうゆ…少々
しょうがのすりおろし…大さじ1

作り方

1 とうふはキッチンペーパーに包んで重しをし、30分おいて水きりする。一口大に切って、小麦粉、とき卵、削り節の順に衣をつける。

2 フライパンにサラダ油を熱して**1**を入れ、パリッとするまで全面を焼く。

3 器に盛り、すだち、しょうゆとおろししょうがを添える。

冷蔵
2日

フライパンで

とうふとねぎの卵焼き

フライパンで丸く焼き上げる、とうふ入りの卵焼き。
とうふは水けをしっかりきってふわっとした口当たりに仕上げよう。
食材のやさしい味を生かして味つけはシンプルに。

材料

卵…4個
木綿どうふ…1丁（300g）
万能ねぎ…5本
A｜しょうゆ、砂糖、かたくり粉
　…各大さじ1
しょうゆ…少々
サラダ油…大さじ2
大根おろし…大さじ6

作り方

1 とうふはキッチンペーパーに包んで重しをし、30分おいて水きりする。万能ねぎは小口切りにする。

2 ボウルに卵を割り入れ、A、1を加えてよくまぜる。とうふは加えるときに手でくずす。

3 直径22cmのフライパンにサラダ油を熱し、2を一気に流し入れ、ふたをして焼く。片面に焼き色がついたらふたを使って返し、もう片面も焼く。

4 適当な大きさに切って器に盛り、大根おろしとしょうゆを添える。

ボウルで

ちくわ、わかめ、きゅうりのごま酢あえ

いたってシンプルなごま酢あえだけど、その分ていねいに作りたい。
ちくわは薄く切るのがポイント。
簡単なことだけど、ぐんとほかの食材とのなじみがよくなるんだ。

材料

ちくわ…4本
きゅうり…2本
わかめ（塩蔵）…30g
塩…少々
A しょうゆ、酢…各大さじ3
すり白ごま…大さじ2
砂糖…大さじ1

作り方

1 わかめは水につけてもどし、ざく切りにする。きゅうりは小口切りにして塩もみし、さっと水で洗ってしっかりと水けをしぼる。ちくわは2㎜厚さの薄い輪切りにする。

2 ボウルに入れ、Aであえる。

フライパンで

コーヤチャンプルー

ゴーヤーならぬ、〝コーヤ〟チャンプルー。
高野どうふは煮物によく使われるけど、いため物との相性も◎。
油とうまみがしみ込んで、じゅわっとおいしさが広がる。

材料

高野どうふ…4枚
豚こまぎれ肉…200g
もやし…1袋
玉ねぎ…½個
とき卵…2個分
塩…少々
A 酒、しょうゆ…各大さじ2
　砂糖…小さじ1
あらびき黒こしょう…少々
サラダ油…大さじ2

作り方

1 高野どうふはボウルに入れ、湯に20分くらいつけてもどし、しっかりしぼって一口大に切る。玉ねぎは薄切りにする。

2 フライパンにサラダ油を熱して豚肉を入れ、塩を振っていためる。火が通ったら、**1**を加えていため合わせる。もやしを加え、しんなりしてきたら**A**を加えていため合わせ、高野どうふに焼き色がついたら、とき卵を加える。さらにいためてしっかり火を通す。

3 器に盛り、仕上げに黒こしょうを振る。

フライパンで

ひじきとさつまいものサラダ

マヨネーズとも相性がよく、サラダの素材としても優秀なひじき。
煮る前に油でいためて、うまみを引き出そう。
仕上げにきゅうりを散らして食感と彩りをプラス。

材料

ひじき（乾燥）…30g
さつまいも…1本
玉ねぎ…½個
A 水…400mℓ
しょうゆ…大さじ2
砂糖…大さじ1
B マヨネーズ…大さじ4
ねりがらし…小さじ½
サラダ油…大さじ1
きゅうり…½本

作り方

1 ひじきはボウルに入れ、たっぷりの水に30分ほどつけてもどす。新しい水にかえ、下に残っているゴミが入らないようにすくってざるに上げる。**A**はまぜる。

2 さつまいもは皮つきのまま一口大に切る。玉ねぎは薄切りにする。きゅうりは5㎜角のさいころ状に切る。

3 フライパンにサラダ油を熱し、さつまいも、玉ねぎをいためる。油がなじんだら**1**のひじきを加えてさっといため、**A**を加えてアルミホイルで落としぶたをし、10分ほど煮る。

4 煮汁がほとんどなくなったらそのまま冷まし、**B**でさっくりあえる。器に盛り、きゅうりを散らす。

Point

全体に油を回してから煮汁を加える。冷まして食べるサラダだから、下味＋マヨネーズでしっかりとした味つけにしよう。

冷蔵
3日

フライパンで

ししゃもと切り干し大根の南蛮漬け

ししゃもは、いつも焼いているだけじゃつまらない！
切り干し大根、玉ねぎとともに、まぜるだけでできる甘酢につければたちまち立派な南蛮漬けに。サラダ感覚でパクパク食べられる。

材料

ししゃも…10尾
切り干し大根…40g
玉ねぎ…½個
赤とうがらし…2本
こぶ（だし用）…3g

A
- 水…400mℓ
- 酢…200mℓ
- しょうゆ…大さじ2
- 砂糖…大さじ4

サラダ油…大さじ2

作り方

1 切り干し大根は水でさっと洗い、ボウルに入れる。たっぷりの水に10分ほどつけてもどし、水けをしっかりしぼる。玉ねぎは薄切りにする。赤とうがらしは種をとって小口切りにする。

2 保存容器に**A**をまぜ合わせ、**1**、こぶを加える。

3 フライパンにサラダ油を熱し、ししゃもを両面カリッと焼いて、熱いうちに**2**につける。冷めたら冷蔵庫で3時間ほどおいて、味をなじませる。

もっと切り干し大根の話

切り干し大根は煮物ばかりになってしまいがちだけど、実はいろんな使い方があると思う。しっかり水でもどしたら生の大根と同じように考えればいい。火を通さずに使えばパリパリと歯ごたえもよく、サラダや漬け物にぴったり。和食だけではなく、大根の自然な甘みが詰まっているから洋風の献立とも相性がよい。食べやすく切ってからクリームシチューやカレー、トマト煮などの具材にしてもおいしい。アレンジ無限の便利食材だ。

冷蔵
5日

なべで

里いもと煮干しの含め煮

煮干しのうまみがしみ込んだ、ほっくりした里いも。
食べればしみじみ、心があたたかくなるような。
このおいしさって、どんな豪勢な料理にもかなわないと思うな。

材料

里いも…10個
煮干し…12尾
米…大さじ2
A だし…800mℓ
しょうゆ…大さじ3
みりん、砂糖…各大さじ2

作り方

1 里いもは皮をむいて一口大に切り、さっと洗う。なべに入れてひたひたの水を注ぎ、米を加えて火にかける。煮立ったら弱火で10分下ゆでし、水にさらして洗う。煮干しは頭とはらわたをとる。

2 なべに**A**と**1**を入れ、火にかける。煮立ったら弱火にし、10分煮て火を止める。そのまま冷まして味を含ませる。

煮干しといも類は好相性

煮干し＝だしのイメージだけれど、煮物の具材としても優秀だ。やわらかくもどった煮干し自体に食べごたえもあり、カルシウムも豊富で栄養価もアップ。煮干しの含め煮は里いものみならず、いも類であればなんにでも合う。さつまいも、じゃがいも、かぼちゃなどでも作ってみてほしい。

Point

生米で煮ると里芋のアクをとって白く仕上がるほか、湯にとろみがつき、ポコポコとやさしく火が通るので煮くずれしない。

冷蔵
4日

column

漬け物ってスゴイ! 日もちするサラダだ

保存もきいて汎用性も高い。漬ける作業も、また楽しい。

漬け物って、楽しい。漬け物を漬けるのは、仕事というよりも僕の趣味だ。店の梅干しやらっきょうも自家製だし、地方に行ったときには、地元のおばちゃんにその土地の漬け物を食べさせてもらったり教わったりするのが僕のひそかな(?)楽しみになっている。

野菜を買いすぎても、さっと漬け物にして冷蔵庫に保存しておけば、日もちもするし、いつでも食べたいときに手軽に食べられて重宝する。すでにうまみと塩分が凝縮されているから、ほかの食材と合わせてあえ物に使ったりと汎用性も高い。

今度は何を漬けようかな。考えをめぐらせるひとときも、僕の趣味の時間かもしれない。

Point

漬け汁を勢いよく煮立たせたらきゅうりとしょうがを入れ、すぐに火を止める。

キッチンペーパーをかぶせて味をなじませる。冷める過程で、きゅうりに味がしみ込んでいく。

もう一度煮汁を沸騰させて、とり出しておいたきゅうりを投入。だんだん味が入って濃い色に。

なべで

きゅうりのキューちゃん風

きゅうりを熱い煮汁に入れて冷ます。この作業を3回くり返すことで味をしっかりしみ込ませる。保存性も高くて何よりおいしい。

材料

きゅうり…5本
しょうが…大1かけ（20g）
塩…大さじ1
A しょうゆ…180mℓ
　砂糖…120g
　酢…60mℓ

作り方

1 きゅうりは5㎜厚さの小口切りにする。ボウルに入れ、塩を全体にまぶして30分ほどおき、しっかりと水けをしぼる。しょうがはせん切りにする。

2 なべにAを入れてひと煮立ちさせ、1を入れてすぐに火を止め、コンロからおろしてキッチンペーパーをかけて冷ます。冷めたらきゅうりをいったんとり出し、煮汁の入ったなべを火にかけてもう一度沸かす。

3 煮立ったらきゅうりを戻し入れてすぐに火を止め、再び冷ます。さらにこれをもう一度くり返し、冷めたら煮汁とともに保存容器などに入れ、冷蔵庫で保存する。

冷蔵
1週間

冷蔵
4日
冷蔵
4日

column 漬け物って日もちするサラダだ

ボウルで 白菜おかか漬け

あえた削り節からうまみが出て日ごとに味わい深くなる。
白菜を¼個使ってたっぷり作って。

材料

白菜…¼個
削り節…10g
塩…小さじ1
A しょうゆ、みりん …各大さじ2
ゆずの皮…少々

作り方

1 白菜は葉と軸に分け、葉はざく切り、軸は繊維に沿って5cm長さの拍子木切りにする。ボウルに入れて塩を振ってもみ、10分ほどおく。

2 水けをしっかりとしぼり、A、削り節であえる。器に盛り、ゆずの皮のせん切りを散らす。

ボウルで なすのからし漬け

お店では魚介とあえて先付けに出したり、肉料理のつけ合わせにしたり。いろんな応用で楽しめます。

材料

なす…4個
A 砂糖…50g
酒…40mℓ
粉からし、塩…各15g

作り方

なすは縦半分に切って1cm厚さの半月切りにする。ボウルに入れ、Aを加えてよくもみ込む。落としラップをして冷蔵庫で2時間以上おく。

冷蔵
4日
冷蔵
4日
冷蔵
4日

column 漬け物って日もちするサラダだ

キャベツとセロリの浅漬け

シャキシャキとした歯ざわりでサラダ感覚で食べられる。
とうがらしをピリッときかせてアクセントに。

材料
キャベツ…½個
セロリ…1本
A ｜ 酢…大さじ1
　　｜ 塩、砂糖…各小さじ1
一味とうがらし…少々

作り方
1 キャベツは葉をざく切り、軸は薄切りにする。セロリは筋をとり、薄切りにする。
2 ボウルに入れ、**A**を加えてよくもみ込み、落としラップをして1時間ほどおく。上下を返してさらに1時間ほどおく。器に盛り一味を振る。

トマトとみょうがの甘酢漬け

ミニトマトは湯むきすることで漬け汁となじんで
ジューシーに。色合いも美しいのでもてなしの一品にも。

材料
ミニトマト…10個
みょうが…6個
塩…少々
A ｜ 酢、水…各200mℓ
　　｜ 砂糖…80g

作り方
1 ミニトマトは沸騰した湯にさっとくぐらせ、湯むきする。みょうがは根元を切って外側の皮を1枚とり、縦半分に切る。さっとゆでてざるに上げ、塩を振る。
2 ボウルに**A**をまぜ合わせて砂糖がとけたら1を加え、3時間以上漬ける。

大根の砂糖漬け

甘さが食欲をそそり、あっという間になくなるかも？
大根は大きいまま漬けて、食べるときにそのつど切って。

材料
大根…½本
A ｜ 砂糖…大さじ5
　　｜ 酢…大さじ2
　　｜ 塩…小さじ2

作り方
大根は四つ割りにして保存袋に入れ、**A**をまぶして1日漬ける。食べるときに5mm厚さのいちょう切りにする。

Part 6

野菜そうざい

副菜は野菜たっぷりで
常備しておけば、
あと1品に重宝する

野菜を使い切って出番の多い副菜に。

何に対してもそうだけれど、ムダは出したくない。副菜だって、スーパーで売っている野菜を使い切れる量で作りたい。

野菜はともに合わせる食材や味つけとの相性が大事。たとえばなすとえびってまちがいなしの組み合わせだし、たけのこの水煮なら濃い味つけが適している、など。すでに味がついている缶詰やびん詰め、うまみが詰まった魚卵で味つけするのも手。

副菜はたっぷり作っておけばなにかと使える。そのまま食べるのはもちろん、肉や魚のつけ合わせがほしいときにもいい。作りすぎたかな?と思っても、案外すぐなくなるよ。

ボウルで

パプリカの白あえ

白あえの衣は生クリームでコクのある味わいに。
少量だからコーヒーフレッシュでもOK。
パプリカはじか火でこんがり焼いて、甘みを引き出そう。

材料

パプリカ（赤）…2個
木綿どうふ…1丁（300g）
塩…少々
A | 薄口しょうゆ、砂糖、生クリーム…各小さじ2

もっと白あえじょうず

ほうれんそうなどの青菜はゆでてあえる前にだしで味を含ませるとおいしい。水分の少ない果物も白あえに向いてるから、柿、ぶどう、アボカドなどで試してみてほしい。

作り方

1 木綿どうふはキッチンペーパーで包んで重しをし、30分おいて水きりする。

2 パプリカはへたの部分にフォークを刺して真っ黒になるまでじか火で焼き、水にとって皮をむく。縦半分に切り、種を除いて一口大に切り、塩を振る。

3 ボウルに1を入れて泡立て器でつぶし、Aを合わせてなめらかになるまでまぜる。2を加えてさっとあえる。

ボウルで

オクラ、わかめ、しらすあえ

あえ物は手軽にさっと作れて体にもいい、うれしい副菜。
塩もみした塩分があって野菜から水けが出てくるので
あえるのは食べる直前がおすすめ。

材料

オクラ…8本
わかめ（塩蔵）…60g
しらす…20g
塩…少々

A
ごま油（あれば太白ごま油）
…大さじ2
薄口しょうゆ、みりん
…各大さじ1

作り方

1 オクラは塩でこすってうぶ毛をとり、さっとゆでて氷水にとる。水けをふいて一口大に切る。わかめは水でもどして水けをきり、適当な大きさに切る。

2 ボウルにAを入れてまぜ、1、しらすを加えてさっとあえる。

ボウルで れんこん明太サラダ

切る前のれんこんをひとゆでするのは、
割れずにきれいに切れるようにするためのひとワザ。
青じそと明太子で色合いも美しいひと皿に。

材料

れんこん…2節（360g）
からし明太子…60g
青じそ…5枚
酢…大さじ1
塩…少々
A ごま油（あれば太白ごま油）…大さじ2
 みりん…大さじ1
 しょうゆ…小さじ1

作り方

1 れんこんは皮をむいてさっと洗い、塩と酢を入れた湯で5分ほどゆでる。とり出して1cm厚さの輪切りにする。大きなものは半月切りにする。

2 もう一度同じ湯で5分ほどゆで、ざるに上げる。青じそは手でちぎる。

3 ボウルに明太子をほぐしてAをまぜ合わせ、2を加えてあえる。

ボウルで

春菊、三つ葉、ねぎの韓国のりあえ

香りの強い野菜の組み合わせで、大人のナムルをイメージ。
春菊はやわらかい葉のみを使って全体をやさしい食感に。
茎は残して、なべ物やいため物に使えます。

材料

春菊…1束
三つ葉…1束
ねぎ…1本
韓国のり…15枚
A
　ごま油…大さじ2
　しょうゆ…小さじ2
　みりん…小さじ1
　一味とうがらし…少々
いり白ごま…大さじ1

作り方

1 春菊は洗って葉の部分のみをつむ。三つ葉は5㎝長さに切る。ねぎは斜め薄切りにする。

2 1を水にさらしてまぜ合わせ、シャキッとさせて水けをきる。

3 ボウルに**A**をまぜ合わせ、2と手でちぎった韓国のりを加えてさっとあえる。

4 器に盛り、ごまを散らす。

冷蔵
4日

フライパンで

なすと桜えびの田舎煮

なすとえびって、和食では定番ともいうべき相性のいい組み合わせ。
だから、なすは桜えびと煮ることで格段にうまくなる!
だしを使わないから、覚えておくと重宝するレシピだと思う。

材料

なす…5個
桜えび…10g
こぶ（だし用）…5g
A
- 水…400mℓ
- しょうゆ…大さじ2
- 砂糖…大さじ1

サラダ油…大さじ2
みょうが…2個

作り方

1 なすは縦半分に切り、皮に5mm間隔の切り目を入れてから横半分に切る。みょうがは小口切りにする。

2 フライパンにサラダ油を熱してなすをいため、油がなじんだら桜えびを加え、さっといため合わせる。

3 Aを加えてこぶを入れ、アルミホイルで落としぶたをして10分ほど煮る。

4 火を止めてそのまま冷ます。器に盛り、みょうがを添える。

冷蔵
5日

フライパンで

かぼちゃの塩バター煮

いつもの煮物に飽きたら、少し趣向を変えて作ってみよう。
かぼちゃのほっくりした甘みにバターの香りがマッチ。
黒こしょうでアクセントをきかせよう。

材料

かぼちゃ…½個（約400g）
バター…15g
A｜水…400mℓ
　｜みりん…大さじ2
　｜塩…小さじ½
あらびき黒こしょう…少々

作り方

1 かぼちゃは一口大に切り、皮をところどころむく。

2 フライパンに皮を下にして重ならないように並べ、Aを加えて火にかける。煮立ったらアルミホイルで落としぶたをし、10分煮る。中まで火が通ったら、バターを加えて煮からめる。

3 器に盛り、黒こしょうを振る。

いろいろきのこの
冷製サラダ

冷蔵
5日

ほうれんそうとゆで卵の
サラダ イクラのせ

冷蔵
2日

焼きたけのことハムのサラダ

冷蔵
4日

フライパンで

いろいろきのこの冷製サラダ

いろいろな種類のきのこを使ったサラダ。みそとくるみでしっかりコクのある味わいなのでお酒のお供にも。冷ますことで味がなじんでおいしくなるんだ。

材料

しめじ…１パック
えのきだけ…１袋
エリンギ…１パック
しいたけ…４個
くるみ…30g
塩…少々
A 酢…大さじ２
みそ…大さじ１
砂糖…大さじ½
サラダ油…大さじ１

作り方

1 しめじ、えのきはほぐし、エリンギは手で裂く。しいたけは5㎜厚さに切る。くるみは包丁で砕き、フライパンでからいりしてとり出す。

2 同じフライパンにサラダ油を熱してきのこを入れて塩を振り、しんなりするまでいためる。**A**を加えていため合わせ、全体がなじんだら火を止め、容器に移して冷ます。器に盛り、くるみを散らす。

ボウルで

ほうれんそうとゆで卵のサラダ イクラのせ

魚卵は塩分もうまみも詰まっているから、それだけで味の決め手になります。見た目も豪華になるから、もてなしの一品にもいいと思う。

材料

ほうれんそう…１束
ゆで卵…３個
イクラ…40g
塩…少々
A ごま油（あれば太白ごま油）…大さじ２
みりん…大さじ１
塩…小さじ½

作り方

1 ほうれんそうは根元を切り、塩を加えた湯でさっとゆでる。ざるに上げ、氷水に放してしっかり水けをしぼり、3㎝長さくらいに切る。ゆで卵はあらみじんに切る。

2 ボウルに**A**をまぜて**1**を入れ、さっとあえる。器に盛り、イクラを散らす。

フライパンで

焼きたけのことハムのサラダ

ごま油とマヨネーズでしっかりと風味をつけて、
食感も楽しい食べごたえのあるサラダに。
焼き色＝うまみなので、たけのこにこんがりした色をつけよう。

材料

たけのこ（水煮）…2個（200g）
ハム…10枚
塩…少々
A マヨネーズ…大さじ3
しょうゆ、みりん…各小さじ1
粉ざんしょう…少々
ごま油…大さじ2
木の芽…少々

作り方

1 たけのこは根元を半月切り、穂先をくし形切りにし、水から5分ほどゆでる。水にさらしてざるに上げ、水けをきる。ハムは半分に切り、3㎜幅の細切りにしてほぐす。

2 フライパンにごま油を熱してたけのこを入れ、箸でときどき押さえながら両面を焼く。おいしそうな焼き色がついたら、塩を振ってとり出す。

3 ボウルに**A**をまぜ合わせ、ハムと**2**をさっとあえて器に盛り、木の芽を散らす。

たけのこ水煮がおいしくなるレシピ

水煮はどうしてもくさみがあるので、それを補う調理法でおいしく作ろう。たとえば、カレー粉でいためたり、衣をつけてフライにしたり。ピリ辛にも合うからチゲに入れてもいいね。さいころ状に切ってミートソースの具材にすれば食感もよくいいアクセントになります。

Point

少し多めのごま油で、たけのこをあまり動かさずにこんがりとした色をつけよう。ごま油の香りもよく、食欲をそそる風味に。

大根とほたて缶のサラダ

冷蔵
2日

にんじんのサラダ

冷蔵
3日

もやしとザーサイの煮びたし

冷蔵
4日

ボウルで

大根とほたて缶のサラダ

手早く作るのに便利なほたての水煮缶。
汁にもうまみがたっぷりだから、缶詰まるごと残さず使おう。
少しだけわさびをきかせて、ピリッとさわやかに。

材料

大根…½本
貝割れ菜…1パック
ほたて貝柱缶…大1缶（170g）
塩…少々
あらびき黒こしょう…少々

A
ごま油（あれば太白ごま油）、酢…各大さじ2
薄口しょうゆ…大さじ1
砂糖…小さじ1
ねりわさび…小さじ½

作り方

1 大根は5cm長さの細めの拍子木切りにする。塩をまぶして10分ほどおき、出てきた水けをしぼる。貝割れ菜は根元を切り、長さを半分に切る。

2 ボウルに貝柱を缶汁ごと入れ、**A**を加えてまぜ合わせる。大根、貝割れ菜を加え、さっとあえる。

3 器に盛り、黒こしょうを振る。

大根を使い切ろう

大根にはムダがない、と思う。1本買えば、先、まん中、葉っぱと切り分けてほしい。先の部分は大根おろし、まん中はそのきれいな形を生かして煮物やおでんに。葉っぱはいため物や生のままサラダに。皮もせん切りにしてきんぴらにしたり、ほかの野菜やアラと一緒にだしにも使えます。

ボウルで

にんじんのサラダ

時間がたつほどしんなりおいしくなるから、
お父さんのおつまみや肉や魚のつけ合わせに……と
たくさん作ればなにかと重宝する、シンプルサラダ。

材料

にんじん…2本

A
- マヨネーズ、酢…各大さじ2
- 砂糖…小さじ2
- 塩…小さじ1
- ねりがらし…小さじ½

いり黒ごま…適量

作り方

1 にんじんは2〜3㎜幅のせん切りにする。

2 ボウルに**A**をまぜ合わせ、**1**を加えて少ししんなりする程度までおく。

3 器に盛り、ごまを振る。

なべで

もやしとザーサイの煮びたし

ザーサイはうまみがたっぷりだから使い勝手もいい食材。
2袋分のもやしを使ってたくさん作ろう。
ラーメンに山盛りのっけて食べてもいいね。

材料

もやし…2袋

ザーサイ…100g

A
- だし…400㎖
- しょうゆ、みりん…各大さじ2

作り方

1 もやしはさっと洗う。ザーサイは2〜3㎜幅のせん切りにする。

2 大きめのなべに**A**とザーサイを入れ、火にかける。ひと煮したら一度にもやしを加え、さっと煮て火を止める。そのまま冷まし、器に盛る。

緑の野菜のだしびたし

冷蔵
3日

かぶとささ身のサラダ

冷蔵
3日

なべで

緑の野菜のだしびたし

だしびたしをじょうずに作るポイントは、
ひたし汁に入れる前の野菜をしっかり冷ますこと。
こうすることで、あざやかな色のまま仕上がるんだ。

材料

グリーンアスパラガス…6本
さやいんげん…10本
絹さや…20枚
塩…少々
A｜だし…500mℓ
｜薄口しょうゆ、みりん…各大さじ2
削り節…5g

作り方

1 なべに**A**を入れて火にかける。ひと煮したら火を止め、あら熱がとれたらバットに移して冷ます。

2 アスパラガスは根元を切り落とし、根元から⅓くらいまでピーラーで皮をむく。いんげんはへたを切り落とす。絹さやは筋をとる。

3 なべに湯を沸かして塩を加え、**2**をそれぞれかためにゆでてざるに上げ、そのまま冷ます。

4 **1**のバットに**3**を入れて落としラップをし、冷蔵庫で2時間以上おく。食べるときは食べやすく切って器に盛り、削り節をかける。

失敗しない だしびたしのコツ

コツは食材をゆですぎず、歯ごたえは残しつつ水っぽさは残さないこと。青菜であればゆでて水けをしっかりしぼったあと、まず⅓のひたし汁につけてしぼり、それから残りのひたし汁につけると失敗がない。きのこ類ならそのまま煮れば手軽にできるよ。

ボウルで

かぶとささ身のサラダ

かぶと葉を使って彩りもよく食べごたえのあるサラダに。
葉の部分はこまかく切ってあるから、苦手な人でも食べやすい。
はちみつのやさしい甘さがいい仕事をしています。

材料

かぶ…3個
鶏ささ身…3本（50g×3）
塩…適量
あらびき黒こしょう…少々
A　ごま油（あれば太白ごま油）、酢…各大さじ2
　はちみつ…大さじ1
　塩…小さじ½

作り方

1 かぶはくし形切りにし、軽く塩を振って出てきた水けをしぼる。茎と葉の部分は小口切りにし、塩もみをして水けをしっかりしぼる。

2 沸騰した湯に塩を加え、筋を除いたささ身を入れる。色が変わったら火を止めてそのままおき、5分ほどゆで汁の中でゆっくり熱を通す。水にとって水けをきり、手でこまかく裂く。

3 ボウルにAをまぜ合わせ、1、2を加えてさっとあえる。器に盛り、黒こしょうを振る。

あとがきにかえて

僕の好きなおにぎりの話

手軽に食べられて冷めてもおいしい。おにぎり屋さんをやりたい、と思うくらいにおにぎりって魅力的だ。おいしいおにぎりの秘訣はまず、ごはんのかたさは標準に炊くこと。熱いうちににぎること。塩水でにぎれば、作業もスムーズだし塩味が均一に行き渡る。あくまでもごはんが主役なので具は少なめのほうがバランスがいい。

白いごはんがおいしく食べられて、ひとつ食べれば満足度も高い。おにぎりって、究極のそうざいかもしれないな。

鯛しそ
おかかたくあん
とりそぼろ
桜えびと揚げ玉

おにぎりの具

シンプルなのもいいけれど、こんなおにぎりの具はどうだろう。
ポイントは濃いめに味をつけること。
保存もきいて作りおきしておけば重宝するよ。

フライパンで

おかかたくあん

冷蔵7日

甘辛い下味と、パリパリとしたたくあんの食感が楽しい。

材料

たくあん…1本（100g）
削り節…10g
いり白ごま…大さじ1
A｜酒…大さじ3
　｜しょうゆ、砂糖…各大さじ1
サラダ油…大さじ1

作り方

1 たくあんは2㎜幅のせん切りにする。

2 フライパンにサラダ油を熱し、1をいため、全体に油が回ったらAを加えていりつける。水分がなくなってきたら、削り節、ごまを加えてさっとまぜる。

・にぎるときはごはんとまぜ、塩水をつけた手で俵形ににぎり、いり白ごま少々をかける。

なべで

桜えびと揚げ玉

冷蔵5日

桜えびと揚げ玉のコンビで、簡単天むすのでき上がり!

材料

桜えび…20g
揚げ玉…30g
A｜酒…大さじ3
　｜しょうゆ、砂糖…各大さじ1

作り方

なべに桜えび、揚げ玉、Aを入れて火にかけ、汁けがなくなるまでいりつける。

・にぎるときはごはんとまぜ、塩水をつけた手で丸形ににぎる。

ボウルで 鯛しそ

淡泊な鯛のうまみがごはんに◎。
ゆかりと青じそで香りもよく。

材料

鯛…2切れ
青じそ…5枚
ゆかり…小さじ1
塩…少々
ごま油（あれば太白ごま油）
…大さじ1

作り方

1 鯛は塩を振り、魚焼きグリルで火が通るまで焼く。あら熱がとれたら皮と骨を除き、こまかく手でほぐす。青じそはせん切りにしてさっと水で洗って水けをしぼる。

2 ボウルに**1**を入れ、ごま油、ゆかりであえる。

・にぎるときはごはんとまぜ、塩水をつけた手で三角形ににぎる。

なべで とりそぼろ

煮汁ごと、そのまま保存ができる。
丼にも使えて、冷蔵庫にあれば便利。

材料

鶏ひき肉…200g
ねぎ…½本（50g）
しょうが…10g
A 水…100㎖
しょうゆ…大さじ3
みりん、酒、砂糖
…各大さじ2

作り方

1 ねぎはみじん切りにする。しょうがはすりおろす。

2 なべに**A**と**1**、ひき肉を入れて火にかけ、冷たい状態から箸でかきまぜながら火を入れる。ひき肉に火が通ってぽろぽろになり、煮汁が澄んだら火を止め、冷ます。そのまま保存容器などで汁ごと保存する。

・にぎるときはごはんを塩水をつけた手で円盤形ににぎり、焼きのりを巻いて上にとりそぼろをのせる。

僕《ぼく》が食《た》べたい
和《わ》そうざい

著　者　笠原将弘《かさはらまさひろ》

発行者　平野健一

発行所　株式会社 主婦の友社

〒141-0021

東京都品川区上大崎3-1-1

目黒セントラルスクエア

電話　03-5280-7537（内容・不良品等のお問い合わせ）

049-259-1236（販売）

印刷所　大日本印刷株式会社

■本のご注文は、お近くの書店または主婦の友社コールセンター（電話0120-916-892）まで。

＊お問い合わせ受付時間　月～金（祝日を除く）

10：00～16：00

＊個人のお客さまからのよくある質問のご案内

https://shufunotomo.co.jp/faq/

©Masahiro Kasahara 2016 Printed in Japan

ISBN978-4-07-414256-9

Ⓡ〈日本複製権センター委託出版物〉

本書を無断で複写複製（電子化を含む）することは、著作権法上の例外を除き、禁じられています。本書をコピーされる場合は、事前に公益社団法人日本複製権センター（JRRC）の許諾を受けてください。

また本書を代行業者等の第三者に依頼してスキャンやデジタル化することは、たとえ個人や家庭内での利用であっても一切認められておりません。

JRRC〈 http://www.jrrc.or.jp

eメール：jrrc_info@jrrc.or.jp 電話：03-3401-2382 〉

ね-052011

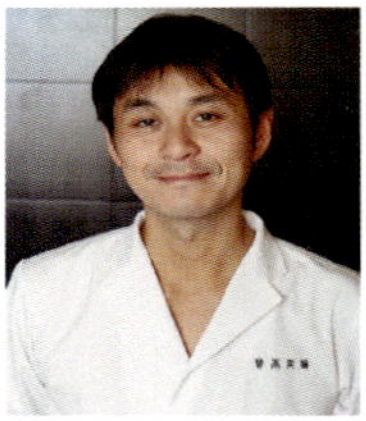

笠原将弘
Masahiro Kasahara

1972年東京生まれ。東京・恵比寿の日本料理店「賛否両論」店主。新宿「正月屋吉兆」にて9年間の修業後、武蔵小山にある実家の焼き鳥店「とり将」を継ぐ。「賛否両論」は2004年に開店。以来ずっと、予約のとれない人気店で有名。2013年には名古屋店をオープン。東北の復興支援活動、テレビ・ラジオなどのメディア出演など、和食を通じたさまざまな活躍で注目される。

STAFF

撮影　原ヒデトシ

スタイリング　遠藤文香

イラスト　塩川いづみ

デザイン　細山田光宣、鈴木あづさ（細山田デザイン事務所）

取材・文　岩井理紗

編集担当　澤藤さやか（主婦の友社）

［撮影協力］　UTUWA（電03-6447-0070）